Apfel auf Tisch vor Hintergrund

© Wolfgang Rödig

Wolfgang Rödig

Apfel auf Tisch vor Hintergrund

Dazwischen Zwischenräume

Wolfgang Rödig

Apfel auf Tisch
vor Hintergrund

Dazwischen Zwischenräume

Bibliografische Information der Deutschen Nationalbibliothek:
Die Deutsche Nationalbibliothek verzeichnet diese Publikation in der Deutschen Nationalbibliografie; detaillierte bibliografische Daten sind im Internet über http://dnb.d-nb.de abrufbar.

Verlag: BoD · Books on Demand GmbH,
In de Tarpen 42, 22848 Norderstedt
Druck: Libri Plureos GmbH, Friedensallee 273,
22763 Hamburg

ISBN: 978-3-7693-1389-5

Umschlagbild:
Xerophytenpapier
© Wolfgang Rödig

Adams Anwalt und Eva

Es meinte Adams Anwalt vor Gericht,
daß die Vertreibung aus dem Paradies
wohl rechtens zwar und gut auf lange Sicht,
betrachtet nüchtern, aber ganz schön fies.

's zog Eva vor die Selbstverteidigung.
Vielleicht erschien sie auch als Zeugin bloß.
Sie holte jedenfalls tief Luft und Schwung
und legte, legend an mit all'n sich, los.

Allerlei andres als lausig

Nicht über Stock! Nicht über Stein!
Nein, eine Leber mußt' es sein.
Zwei Läuse um die Wette liefen,
wobei Verdruß hervor sie riefen.

Betroffener Organinhaber
gewohnt so ein'ges war zwar, aber
dann riet ihm inn'rer Stimme Schrei,
es sollt' ihm sein nicht einerlei.

Obwohl grad' dies, daß sie zu zweit,
Bedingung für des Wettens Streit
und grad' so schön die Läus' am Laufen,
sollt' eine davon er sich kaufen,

sollt' lassen lieber von Finanzen
auf Stirn und Nas' herum sich tanzen.
's wurd' degradiert zum Kaufobjekt
und sein das lästige Insekt.

Er fand durch den Erwerb heraus
zumindest schon mal, welche Laus
ihm nicht mehr konnte laufen d'rüber,
zerquetschte sie. Die war hinüber.

Die andre, unterwegs noch immer,
der einen Tod fand schlimm, fand schlimmer,
daß ihr gemacht der Sieg so leicht,
der irgendwann würd' sein erreicht.

Indes hatt' längst gemacht er aus,
daß käuflich längst nicht jede Laus.
Dies durft' nicht als Geheimnis gelten
in des Betroff'nen Körperwelten.

Indes verstohl'ner, als man glaubte,
geschah's im Haar auf dessen Haupte,
daß dritte Laus bot an ihr Ei
in der Geheimnißkrämerei.

Alles Gute, Frau Lechte

Daß alles Gute kommt von oben,
kann nicht mehr glauben ganz Frau Lechte,
seit sie vom Himmelskind, dem groben,
aufs Haupt bekommen manches Schlechte.

Sie sagte uns, daß sie nicht wüßt',
ob sie's nicht doch zu sehr würd' quälen,
wenn sie's für sich behalten müßt'.
D'rum soll sie's lieber selbst erzählen:

„Vor Jahr'n ich einen Schlager hörte,
an dem schon die Musik mich störte.
Und dann der Text erst! Muß schon sagen:
Der war es wert, ihn zu beklagen.

Es gleich am Anfang hieß darin,
ergebend nur zur Not noch Sinn,
daß unerwünscht zu große Schmerzen,
wenn eingeschränkt der Platz im Herzen.

Es war ein Schlagertext zum Hassen,
denn's ging in diesem Stile weiter.
Ob die, die solcherlei verfassen,
wohl werden dürfen je gescheiter?

War's auch sonst nichts als zum Vergessen,
blieb jene Stell' mir im Gedächtnis,
die nun erscheint, klingt's auch vermessen,
als mich verhöhnendes Vermächtnis.

Und fällt auch kaum was schwerer mir,
ich wörtlich wieder mal zitier':
'Kein Mensch die Antwort kennt, mein Kind!
Das weiß allein der zieh'nde Wind.'

O Blödsinn! Was soll der schon wissen?
Auf jeden Fall weiß ich, daß er
ein Blatt der Topfpflanz' abgerissen,
eh' er sie fast hätt' umgeschmissen,

als jüngst er stürmisch kam daher.“
Frau Lechte hätt' erzählt gern mehr.

Allgemeines großes Fressen

Ein Tierchen krabbelte herum,
das zwar beileib' kein Unikum,
doch halt auch Teil belebter Pracht,
von Gottes Schöpferkraft erdacht.

Dies Tierchen kam dabei zu nah,
da's die Gefährdung wohl nicht sah.
Die Karnivore, die schlug zu.
Das Tierchen war verspeist im Nu.

Auch weilte dort ein Exemplar
aus all der Herbivoren Schar,
das auf der Such' nach Nahrung grad',
als ihm ins Aug' sie stechen tat.

Doch in des Schicksals weit'ren Lauf,
da fressen es wollt' sie nun auf
mit herbivorer Sicherheit,
durft' platzen andrer Fressenszeit.

Denn's schnappte weg ihm vor der Nas'
und auf die Karnivore fraß
ein Herbivorenexemplar,
das größer als es selber war.

Doch damit ja noch nicht genug!
Denn zu ein Karnivore schlug
und fraß dann auf den Herbivor'n,
der so auch's Leben noch verlor'n.

Der größ're Herbivore, der
gerade sich wollt' machen her
ja über Pflanzen eigentlich,
die dort erkor'n er auch noch sich,

zu groß erschien dem Karnivor'n
und wurd' von ihm d'rum nicht erkor'n.
's war dieser außerdem schon satt,
seit klein'ren er gefressen hatt'.

Doch war der Frieden für die zwei,
eh' er begann, auch schon vorbei,
denn aufgetaucht vor ihnen war
ein Omnivore, hungrig gar.

Und der war sehr gefräßig auch.
Er schlug sich voll sogleich den Bauch
mit ihm, dem Herbivor'n, sowie
mit ihm, dem Karnivor'n. Und nie

genoß zum Fleisch in früh'ren Jahr'n
er Füllungen, die frischer war'n.
Als Beilag' er sich dazu nahm
die Pflanzen, die ihm deshalb gram.

Und überhaupt, nein, nimmer, nie
dem Omnivoren man verzieh,
denn eigentlich hätt' kommen soll'n
nach dieses Inszenier'nder Woll'n

der fiese Allesfresser ja,
als jene zwei noch dort, sprich, da,
als nach Beginn noch anwesend,
vorhanden dort, da, existent

die Karnivor', die sich geschnappt
das Tierchen, das dabei ertappt,
und jener Herbivore, der
hernach fungiert als kleinerer!

So stand es nun, fast konsterniert,
von Freßlust eh erst mal kuriert,
das Biest, das die, die ihm bestimmt,
als Füllungen nur zu sich nimmt,

sprich, zu sich nahm, um Richtigkeit
zumindest zu gewähr'n der Zeit,
die richtig nun auch bleibt fürn Rest,
der ziemlich schnell erzähl'n sich läßt.

Es also falsch was damit lief,
nachdem man auf zum Fressen rief,
dem großen, das zwar allgemein,
doch halt nicht so, wie's war, sollt' sein.

Doch alles das war dem egal,
dem Pantophagen, der fürs Mahl
dorthin dann kam und ohne Scham
den Omnivoren zu sich nahm.

Änigmatisierende

Und zwar passiert's in zwei'n bekannt'rer Art,
in denen überkreuzte Wörter steh'n.
In einem spricht ein Synonym für Start,
zu schreiben mit genau sechs Buchstaben.

Und in andrem spricht ein Maß für Flächen,
das mit sechzehn Buchstaben geschrieben,
scheint für die zwei, die in Rätseln sprechen,
uns die Überschrift auch übertrieben.

Armes Wollpulloverschaf

Die Red' ist hier von einem aus der Schar,
das Opfer wurd' von Schicksals Ironie
als Schaf im Wollpelz, den es trug, obzwar
es eigentlich nur einging, aber wie,

zuerst für rein'res Weiß das Risiko,
dann bei der Wäsche in der Waschmaschin',
d'rauf schlicht an Scham, an Kummer oder so,
zum Schluß im Institut für Autopsi'n!

Auf den Tisch gekommen

Ohne Düfte zu verbreiten
und zum Kosten zu verleiten,

kam ein Etwas, dennoch frisch,
außerhalb der Essenszeiten
hin auf herkömmlichen Tisch.

's kam ganz ohne Sinn für Rache
als von keiner großen Sache

eher wen'ger starkes Stück.
Und betroff'ner Tisch, der flache,
nicht grad' jubelte vor Glück.

Dieser gar, 's sei nicht verschwiegen,
das, was dort auf ihm zu liegen

vor Sekunden erst doch kam,
schnellstens wieder los wollt' kriegen
und zur Brust sich's quasi nahm,

schimpfte: „Du bist mir zu sächlich,
bist mir außerdem zu schwächlich."

's nahm das Etwas dies in Kauf:
„Du bist so schön oberflächlich",
sprach's zum Tisch, blieb liegen d'rauf.

Auf der Strecke geblieben

So mußte glatt vor Lachen biegen
die Strecke schon im voraus sich.
Denn diese Kurve ließ man kriegen

die Fahrzeuglenker mehrheitlich.
Das war dann komisch unterm Strich.

Da so die Minderheit mit Graden,
die lang und langweilig grad' d'rum,
zu nehmen hatt' vorlieb. Und Schaden

ihr Fahrspaß nahm und sie es krumm
der Streckenführung mit Gebrumm.

Die Strecke erst den Schlußstrich zog
und kriegte d'rauf sich wieder ein,
dann sich gerade wieder bog

und ließ fortan das Lachen sein,
währ'nd sie gegrinst in sich hinein.

Die Kurve, die war nicht mehr da.
Gelangweilt sprach die Minderheit
zur Mehrheit und zu sich: „Na ja,

wahrscheinlich braucht halt seine Zeit
das Siegen der Gerechtigkeit!"

Aufruf

Es gellt ein Schrei seit fünf vor zwei.
Inzwischen ist es zehn nach drei.
Hinein in dieses Schreies Gellen
wird wohl kaum selbst die Frag' sich stellen.

D'rum könnt' heraus aus den Gewühlen
sich dazu wer berufen fühlen,
sich sagend: „Man eventuell
mir dankbar wär', wenn ich sie stell'."

Der Schrei, egal, wer da grad' schreit,
zwar wirklich gellt gen Seltsamkeit,
da wohl noch nie ein Gell'n es schaffte
so lang wie dieses dauerhafte.

Doch, gellt er auch recht unheilträchtig,
dem Schrei, der so rekordverdächtig,
dem ruf' ich zu an Fragens Stell':
„Nur weiter so! Das schaffst du! Gell!"

Ballade von der Ballad'

Sich lehnte gegen eine Balustrad',
die keine Brüstung, kein Geländer war,
die oben angekommene Ballad',
dagegen lehnend sich zu stark sogar.

Die Balustrad' gab nach, die Tiefe frei.
Die höher als zu Kopf Gestieg'ne fiel
und rief: „Daß ich zerstört am Boden, sei
in diesem Falle der Ballade Ziel!"

Baum bestand

Man ließ ihn fallen, jenen Baum.
Er ging zu Boden, aus sein Traum
von einem Alter über hundert,
wurd' fünfzig kaum, schlug auf verwundert!

Er wurd' gefällt nur einer Tag
nach seinem Todesurteil, lag
so manchem Mitbaum d'rauf zu Füßen,
anstatt auf Augenhöh' zu grüßen.

Doch, eh's Bewußtsein er verlor,
nahm wahr er's noch. 's kam ihm so vor,
als ob die andern Scherze machten,
ob seines Schicksals ihn verlachten.

Zu Tode von der Säg' verletzt,
lag d'rob im Sterben er entsetzt.
Nicht mal des Nachts im Dunklen, Kalten
hätt' dies für möglich er gehalten.

Dem Wald, von dem Bestandteil er,
der ihn am End' enttäuscht so schwer,
wollt' nicht mal mehr, nicht mal zum Stören,
als totes Holz er angehören.

Der Baum, der lang auf Waldgrund stand,
bestand aus Nutzholz kurzerhand
und d'rauf, zu kommen möglichst schnell
von seines Lebens, Sterbens Stell'.

Nachdem auch ohne sein Getu'
ihm solch Verfahr'n gestanden zu,
war wieder mal im Walde Ruh'.

Baum mit Zett

Eine Zirbel stand alleine
im April des letzten Jahrs,
ohne zu benöt'gen Beine,
auf dem Standpunkt. Ihrer war's.

Andrer Baum, der eine Zeder,
zeitgleich, nur in andrem Land,
auch allein, wie seh'n konnt' jeder,
der ihm dabei zusah, stand.

„Mach doch nicht so einen Wirbel!",
sprach die Zeder, um daher
nicht zu reden nur, zur Zirbel.
Die verstand die Welt nicht mehr.

Hätt' getan sie's, doch noch Gründe
fürs Versteh'n der Welt geseh'n,
würd' man den, der das verstünde,
samt der Welt nicht mehr versteh'n.

Beispielhaftes Krokodil

wirkt als Körper im Gewässer
träg, inert und nicht agil.
Rückt's zu Leib, sieht's aus schon besser.

könnt' verkünden dies dem Muli:
„'s reimt auf mich sich der April
etwas besser als der Juli."

hat, verglichen mit Delphinen,
zu erscheinen fast debil,
macht's dazu auch bess're Mienen.

überläßt's der Welt aus Brettern,
ob in diesem Fall die Diel'
zählt zu reinen Reimes Rettern.

einen Sinn hätt' für Verqueres,
schien' ihm nicht zu diffizil,
wenn ein leichtes ihm zu Schweres.

bietet Magen und Gedärme
Tierkörpern als Domizil
temporärer Wechselwärme.

klaglos ließ' aus trautem Reiche
sich verfrachten ins Exil,
wenn die Fauna dort die gleiche.

niemals fragt nach Rang und Namen
dessen, der ins Wasser fiel,
nimmt selbst Kinderchen und Damen.

damit rechnet unumwunden,
daß dereinst es als Fossil,
echtes, totes, aufgefunden.

dankbar wär' den Beutetieren,
wär'n so nett sie und fragil,
daß im Maul sie sich halbieren.

akzeptiert es auf der Stelle,
daß es nie war so grazil
wie erbeutete Gazelle.

tut sich schwer mit Hungers Stillung,
wenn ein einz'ger mag'rer Ihl'
darstellt seines Wanstes Füllung.

tanzt auch da nicht aus der Reihe,
wirkt wie's Vöglein infantil,
wenn's entschlüpft erst grad' dem Eie.

ignoriert nach dem Erbeuten,
war das Opfer juvenil,
die Betroffenheit von Leuten.

läßt es sein, ein Schiff zu rammen,
wenn es sich an dessen Kiel
holen würde höchstens Schrammen.

könnte sorgen für Furore,
nähme teil es am Konzil
mit von Hand gespitztem Ohre.

läßt so manchen in dem Wähnen,
daß es psychisch wohl labil
und vergossen oft schon Tränen.

leider müßt' auch die zerfetzen,
die an seinem Lebensstil
eigentlich nichts auszusetzen.

wüßt' nichts damit anzufangen,
käm' ihm einer merkantil.
Wer könnt' dies auch schon verlangen?

hielte es für akzeptabel,
hielte man sein Mienenspiel
mal für nicht grad' variabel.

wär' mit Rollen an den Füßen
allzu schnell mal zu mobil,
um als Kriechtier noch zu grüßen.

würd' vielleicht gern mehr erfahren
über dieses Pferd am Nil,
das schon eins der Sonderbaren.

würd' sich fühlen nie so richtig
heimisch in so manchem Priel,
dem ganz andre Dinge wichtig.

wahr nimmt höchstens unterschwellig,
daß vor allem im Profil
seine Flachheit augenfällig.

geht zwar durch als Panzerechse,
ließ' jedoch manch Projektil
durchgeh'n wohl als dann Perplexe.

keinen Grund hätt', nicht zu glauben,
daß zudem es ein Reptil
und ein Tier, das lebt vom Rauben.

würd' bestimmt nicht Folge leisten,
würd' befohlen ihm: „Los, schiel!"
's wär' d'rum sinnlos solch Erdreisten.

hält vom Wandern, Handarbeiten
nichts, hat d'rum mit Blas' und Schwiel'
praktisch niemals Schwierigkeiten.

könnt' sich denken: „Da soll werden
man nicht alt, nicht sein senil
nach so langer Zeit auf Erden!"

gäb' sich trotz der Bodennähe
selbst vor Kaisern nicht servil.
Solches gar nicht ein es sähe.

hat gefälligst aufzutauchen,
beispielsweis' in einem Siel,
wo halt grad' den Schreck sie brauchen.

nimmt das Leben recht gelassen.
Ihm scheint kaum was zu skurril,
um's nicht bei Bedarf zu fassen.

stellt vorm Essen nie die Frage,
ob nach Vorschrift und stabil
des Verletzten Seitenlage.

wird nicht gerne abgeschlachtet,
nicht mal dann, wenn als steril
Schlächters Instrument erachtet.

stets verkneift sich, Lust zu haben
auf ein leck'res Eis am Stiel,
bis eins liegt samt Kind im Graben.

demonstriert bis zur Erkaltung,
daß bestimmt nicht zu subtil
seine Art der Selbsterhaltung.

würd' gewiß erzähl'n nicht jeder,
daß ihr Kleid ihm zu textil,
wär's kein Lieferant für Leder.

nähm' es hin, käm' nach dem Tode
ihm entsprung'nes Utensil
irgendwann mal aus der Mode.

an der Luftmatratze finden
muß nicht extra das Ventil,
um die Luft ihr zu entwinden.

zeigt genausoviel Int'resse
an den Versen des Vergil
wie an Schmierblättern der Presse.

wär' entschuldigt, keine Frage,
würd's verdösen die Vigil
samt dem hohen Feiertage.

müßt' sogar als Dominator
zugeben, daß zu viril
er für es, der Alligator.

würd' wohl mitreden ein Wörtchen,
käm' zur Sprache es in Wiehl
oder andrem schönen Örtchen.

hat auf Unterwasserreisen
oft vor Augen schon das Ziel,
um's dann doch nicht zu verspeisen.

hätt', wenn's ging', wohl d'ran zu kauen,
daß Personen in Zivil
auch nicht leichter zu verdauen.

läßt Experten d'rüber streiten,
ob's nicht manchmal ihm zuviel,
dauernd Schrecken zu verbreiten.

Bettina und Tim

Unbedingt Bettina Nachwuchs wollte,
hatte grade wieder ihren Eisprung,
dacht' sich: „Heut's mal wirklich klappen sollte."
Tim, ihr Ehemann, war grad' beim Dreisprung.

Erst ein Kind macht's Leben zum Erlebnis.
Möcht' noch mehr erfahr'n d'ran Int'ressierter,
sei noch schnell verraten ihm's Ergebnis:
Ein Kubaner siegte. Tim wurd' Vierter.

Bild mit Motiv an der Wand

Ich sehe an der Wand vor mir
ein Bild, das dort am Nagel hängt
und als der Wand besond're Zier
in jeden dort'gen Blick gleich drängt.

Die Wand, die ihm der Hintergrund,
ist gänzlich oder ganz bedeckt
von der Tapete, die recht bunt
und gleich die Lust aufs Hinschau'n weckt.

Ein Blumenmuster diese zeigt.
Verwirr'nd, währ'nd strukturiert doch klar,
dem Schöngeist gar, mir scheint, geneigt,
will reichen sie Verschön'rung dar

der Wand, die in der Absicht weilt,
mit anderen, zumeist mit drei'n,
womit sie sich die Aufgab' teilt,
der Wände vier für wen zu sein.

Der Nagel, der dort in die Wand
geschlagen und in ihr nun steckt
und doch nicht ganz in ihr verschwand,
da damit man halt was bezweckt,

der hält das Bild nun also stur,
das, nebenbei bemerkt, 's hängt schief,
wodurch kursiv die Signatur,
wie schon erwähnt, hängt mit Motiv.

Brillenerfahrungen

Es trafen sich drei Brillen dort
und demzufolg' nicht hier und da.
Sie trafen sich an einem Ort,
wo's selbst man ohne sie so sah.

Die eine sprach: „Wie bin ich froh,
daß jeder, der mich einmal trägt,
des Trägers Roll' lernt lieben so,
daß andres er nicht mehr erwägt,

weil nämlich stets beim Durchblick der,
für den dann alles stets im Lot,
darf freuen sich dann wirklich sehr,
zu seh'n die Welt gar rosarot!"

Die andre sprach: „Bei mir verhält
die ganze Sach' doch anders sich.
Und mehr vertraut ist mir die Welt
von Pessimist und Wüterich.

Denn jeder, der mein Träger mal,
der jedem Freu'n sich dann entzieht,
durch mich, die stell'n darf vor die Wahl,
mal schwarz, mal rot, mal beides sieht."

Die dritte hatte zugehört
und war davon noch mehr verstört.

Vom Selbstwert blieb fast nichts mehr ihr.
So dachte sie nur still für sich:
„Wie schlecht geht's im Vergleich doch mir,
da niemand je wollt' tragen mich!

Vielmehr trägt mir, der davor graut,
man allzu oft ein Tragen an.
Und wenn man dann durch mich noch schaut,
sieht allzu häufig Scheiße man."

Christinas Urknalltheorie

Forscher glaubwürdig uns wissen lassen:
„Beim Urknall sind", Christina glaubt es kaum,
kann's gleich Gottergebenem kaum fassen,
„wie aus dem Nichts entstanden Zeit und Raum",

und glaubt's und faßt's halt doch und propagiert,
was sie gründlich sich zurechtgebogen:
„Geknallt hat's, weil die Vorzeit explodiert
und der Vorraum in die Luft geflogen."

Daß früher manches leichter war

läßt ahnen Dichter Waldemar,
wenn man sein Werk, das vor uns liegt,
zum Zweck des Lesens überfliegt.

So legt, wenn auch erst heut' und hier,
er nachträglich auf Altpapier
in Versen und in Reimen dar,
daß er mit sich im reinen war.

Ein Heut'ger mit Schreibkunstbezug
hat nicht nur vom Versmaß genug.
Nein, der, Aphoristiker Franz,
das Silbenzähl'n hält auf Distanz!

Suspekt sind ihm Reimform und Stroph'.
Er ist quasi Kleinphilosoph,
verknappender Wortspieler, der
sich's macht, meint, 's sei nötig, oft schwer.

Die Abschrift und die Niederschrift

die hin und wieder an man trifft,
währ'nd mittig, groß und fett als Wort
auf Schrieben oben sie ihr'n Ort,

bei halbwegs gutem Willen man
als Überschrift bezeichnen kann,
auch wenn's der Unterschrift nicht paßt,
die, manchmal nicht mal selbst verfaßt,

darob, nicht gut zu sprechen d'rauf,
sich d'runter regt darüber auf.
„Ihr droben nichts zu suchen habt!
Fürs Höh're seid ihr unbegabt!",

brüllt sie hinauf, bis Signatur
genannt sie, gibt dann Ruh' und nur
von Zeit zu Zeit nach ihr noch schreit,
der Anschrift der Gerechtigkeit.

Die von Marleen

An einem schönen Tag, es schien die Sonne,
Marleen, die Hübsche, vor dem Spiegel stand
und registrierte so für sich mit Wonne,
daß sie die Attraktivste an dem Strand.

Ob an dem Strande dies die andren Leute
genauso oder wen'gstens ähnlich sah'n,
ja nicht mehr feststellbar ist hier und heute.
Doch neigten wohl die meisten zum Bejah'n.

Die Attraktivität, wer wollt's vermeiden,
war jedenfalls nicht das, was relevant
für die sich ähnelnden verschied'nen beiden,
die ihr am nächsten, währ'nd Marleen dort stand.

Und da sekundenlang sie sich nicht rührte,
als eine Pose ihr mal seh- gefiel,
die Langeweil' die zwei dazu verführte,
sich zu vergleichen ohne Grund und Ziel.

Als erstes sprach das Spiegelbild zum Schatten:
„Du grobschlächt'ger Gesell'! Kannst keinem Blick
ein klar erkenntlich' Bild zurückerstatten.
Bestaun mein diesbezügliches Geschick!"

Der Schatten hielt dem Spiegelbild entgegen:
„Du nicht zur Wandlung fäh'ger Widerschein!
Welch phantasielos' visuell' Belegen!
Darfst nie wie ich ein stets Kreier'nder sein."

Ob dann noch weit're solch recht richt'ger Thesen
zu einer Art von Überlegenheit
sich sollten Schatten, Spiegelbild verlesen,
war zwischen ihnen kurz die Fraglichkeit.

Wahrscheinlich eher sie zu weit'ren neigten.
Doch Sonn' und Spiegel sich verbaten dies
und ihren Schützlingen das Machtwort zeigten,
das sie sofort verstummen wieder ließ.

Von alledem, was absolut verständlich,
bekam Marleen nicht das Geringste mit
und tat aus gänzlich freiem Will'n letztendlich
den wenn auch nicht grad' überlegten Schritt,

den Schritt, den eher größeren, zur Seite,
der sie den Spiegel prompt links liegen ließ,
sie führend unter eines Schirms Gebreite,
das ihr der Sonne Strahl'n vom Leibe wies.

Und die von ihr verlass'ne Spur im Sande
tatsächlich keine Ruhe lassen tat
dem klein'ren Teil der Leute an dem Strande.
Und in Person von zwei'n hinzu man trat.

's war'n Schatten, Spiegelbild nicht mehr zu seh'n,
zumindest die nicht mehr, die von Marleen.

Die Welt ist weiblich

Die Welt ist weiblich. Wer's bestreiten wollte,
was durchaus möglich vielerorts auf ihr,
die deutsche Sprache nicht beherrschen sollte,
die weiblich ebenso auf dem Papier.

's ist weiblich, was natürlich bloß, die Pflanze
grad' wie die Zelle, die, obwohl sie klein,
enorm bedeutsam für das große Ganze,
da allem Lebenden sie Grundbaustein.

Als Heimstatt allen Lebens darf die Erde
genauso weiblich sein wie die Natur.
Ganz nebenbei ist weiblich auch die Herde,
mag auch besteh'n aus Weibchen sie nicht nur.

Es ist das Feuer, wenn es Flamme, weiblich
wie auch das Wasser es als Flüssigkeit,
wobei das Meer als hohe See beschreiblich.
Ein Element sich an das andre reiht,

zumal zu aller Weltbewohner Wonne
die Luft als Weibliches der Lebensquell.
Und über allem thront und strahlt die Sonne
als weiblich Spendendes so warm und hell.

In allen dreien ihrer Zustandsformen
ist weiblich außerdem sogar die Zeit.
Und ist's geschuldet auch nur simplen Normen,
sind's doch auch Ewigkeit und Göttlichkeit.

Man ruhig sagen darf: Am deutschen Wesen
genas die Welt noch nie. Doch es gelingt,
aus deutscher Wörter Schatz herauszulesen,
was immer kraftvoller die Welt durchdringt.

Es ist die Weiblichkeit, ja, sie, die holde,
wie schon mal gern genannt sie unbedacht,
wo um die Wette glänzt sie mit dem Golde
und den nur, dem nicht hold sie, fertigmacht!

Ein einmal sei'nder Elefant

befand sich grad' auf bestem Weg.
Er galt schon lang als Aspirant.
Es fehlte nur noch der Beleg.

„Wenn alles klappt, dann sein ich werd'",
so dacht' bei sich er, währ'nd er ging,
„das schwerste Landtier dieser Erd'.
Das wäre ja vielleicht ein Ding!"

„Ich einfach nur mich wiegen lass'",
sann frohgemut der Elefant,
„schon wird man mir bestät'gen, daß
so schwer wie ich kein Tier an Land."

Doch auf dem weit'ren Weg zur Waag'
wohl irgendwas noch schwerer wog.
Und das bewog an jenem Tag
ihn dazu, daß falsch ab er bog.

Ein Fettfleck und ein Eselsohr

die trafen sich, wie abgemacht,
da sie gehabt noch ein'ges vor
von dem, was sie sich ausgedacht.

Das Vordringlichste davon war
und somit stets ihr Hauptziel blieb,
zu steh'n als unerwünschtes Paar
im Buche, dem, das einst man schrieb,

um jeweils dem, der Leser grad',
zu schmier'n und falten ins Gesicht
des Vorbenutzers Missetat,
das Ignorier'n der Sorgfaltspflicht.

So hatten sich's die zwei gedacht.
Doch der, der's Buch als einz'ger las
und nie vergaß, zu geben acht,
nicht existier'n ließ den und das.

Ein Schelm, wer dabei sich was denkt

Der Meinung war, daß irgendwas
schon länger mir im Nacken saß.
Es wär' der Schalk, wurd' mir gesagt.
Ich hab's nicht weiter hinterfragt.

Danach viel Zeit vergehen sollt',
in der der Schalk sich nicht getrollt.
Und mein Entschluß stand schließlich fest:
„Will seh'n, ob sich das ändern läßt."

Wollt' wissen, ob's ein Schalk der Tat,
und jenen Schalk im Nacken bat:
„Hinunter mir den Buckel rutsch!"
Er tat's tatsächlich und war futsch.

Wo er nun ist, ist ungewiß.
Gewiß ist: Ich den Schalk vermiss',
obwohl ich ihn, wer soll's versteh'n,
im Nacken nie gespürt, geseh'n.

Ein viel verändernder Moment

der eine, der im Buche stand,
worin ihn manch ein Int'ressent,
der lesen wollt' und konnt', nicht fand,

der zwar nicht alles, aber viel
verändernde Moment, der gar
des einen Int'ressenten Ziel,
der nicht des Lesens mächtig war,

der stand ja gar nicht mal im Buch
in ihm, dem eigentlichen Sinn,
so daß der Int'ressierten Such'
vergebens. Doch stand immerhin

im Raum fast fest, daß überrannt
den Menschen, den, der lief Gefahr,
als Exemplar ein Elefant,
der eine Mücke vorher war.

Erklärend wirkt der letzte Satz

D'rum fühl' sich niemand fehl am Platz
beim Lesen des nun Folgenden,
das etwas unerklärt ich nenn'.

Sie ist an ihr bestimmtem Ort.
Er ist bestimmt von seinem fort.
Sie merkt es beim Erfüll'n der Pflicht.
Er merkt es höchstwahrscheinlich nicht.

Ihr Zustand führt mehr abwärts grad'.
Sein Zustand führt zum Abstieg, schad'!
Ihr wünscht man gute Bess'rung schnell.
Er wird entfernt von höh'rer Stell'.

Wie vorm Gefolgten schon sich birgt,
der letzte Satz erklärend wirkt,
weil kund er's tut, währ'nd kund er's tut:
Der Leiter leider ist nicht gut.

Erstes Weltmoor, ein Ansatz

In schaurig schöner Gegend, die
durchtränkt von mystischer Magie,
die manchen Menschen auf glatt wühlte,
zum Weltmoor sich berufen fühlte

ein großes Moor, eh's einsah, daß
es groß genug zwar, doch zu naß
für das, wozu berufen fühlte
es sich, eh' mit Gedanken spielte

dies Weltmeer, das nun mal kein Moor.
Gefühle täuschten. Das kommt vor.

Es sah ein Knab' kein Rößlein steh'n

Es sah ein Knabe Reiter geh'n,
was er noch nie zuvor geseh'n.
Er dachte gleich an Parodie.
Dann war'n auch schon vorüber sie.

Vorüber war'n gegangen drei,
die einen vierten noch dabei.
Aus seinem Blickfeld war'n sie fort
und auf dem Weg zu Zieles Ort.

Ihr Ziel war ein'ger Rosse Stall,
da Rosse halt nicht überall
verkleinert zur Verfügung steh'n,
damit von Knaben sie geseh'n.

Die Reiter kamen irgendwann
am Ort, dem dann erreichten, an
und standen vor dem Pferdestall,
da Rosse nicht so ganz ihr Fall.

D'rin sah'n sie, währ'nd sie angeseh'n
von Pferdeaugen, Pferde steh'n,
die's zur Verfügung wollten tun
nach läng'rer Zeit voll ständ'gem Ruh'n.

Doch war's damit noch nicht soweit,
denn's standen dafür fünf bereit.
Und fünf war'n für der Reiter vier
zuviel, und das halt nicht nur schier.

D'rum fünf in recht verschied'nen Farben
um die, die nur zu viert war'n, warben,
denn keins das eine grad' sein wollte,
das ohne Reiter bleiben sollte.

„Und liegt tatsächlich's Glück der Erde
auf Rücken, die zu bieten Pferde,
dann kommt bestimmt man", so der Schimmel,
„auf meinem glücklich nah dem Himmel."

Ihm rieten Falbe, Brauner, Rappe,
zu halten seine große Klappe,
da sie's vermieden zu empfehlen.
Dem Fuchs man riet, die Gans zu stehlen.

Der tat auch gleich, wie ihm geraten,
da er nicht riechen konnt' den Braten.
Und von den andern wie den einen
bekam von vieren jeder seinen.

Zwar wußte nach getroff'ner Wahl
ein jeder, daß ein Pferd er stahl,
doch sah'n's die Reiter nicht so kraß,
da dafür war auf sie Verlaß.

Dies wußt', bis ihm davon bericht',
der Pferde Eigentümer nicht,
der dafür wußt' wie jedes Kind,
daß Pferde schwach im Sprechen sind.

Und es zunächst dann nichts mehr gab
zu sagen, außer daß der Knab',
der sich frustriert sah parodiert,
sich längst auf Blümchen konzentriert.

Es sei kein Frosch gewesen

's tat sich schwer die Ringelnatter,
kletternd über hohes Gatter,
das so lang im Weg ihr stand,
bis sie's endlich überwand.

Sie wollt' grad' sich wieder ringeln,
als vor Lachen sich zu kringeln
neben ihr plazierter Lurch.
„Warum krochst nicht d'runter durch

einfach du?", der frech sie frug,
währ'nd auf Schenkel er sich schlug,
die voraus er hatt' der Schlange,
die dort keineswegs noch lange

mit der Antwort warten wollt',
als man jäh hinweggerollt
übers Gatter mit Geknatter,
machend platt nebst Lurch auch Natter.

Falls da einer nicht schon sprachlos

Es fiel ein Apfel meterweit vom Stamm,
hatte wunderschöne rote Bäckchen,
wollt' fallen keinesfalls d'rum in den Schlamm,
wünschte sich ein saub'res weiches Fleckchen.

So ein Apfel hat nicht viel zu sagen.
Er fiel auf betonierten Untergrund,
ließ von dem die Sprache sich verschlagen
und hielt den zwischen Bäckchen blut'gen Mund.

Feuer und Eis und Holz und Stein

Den Weg entlang ein Feuer kam,
's war Winter und der Weg geräumt,
und nacheinander vor sich nahm
die drei, die jenen Weg gesäumt.

Zuerst kam's leis', ja, lautlos schier,
sodann bedrohlich nah dem Eis!
„Wirst schmelzen, komm' zu nah ich dir!",
es rief. D'rauf sprach das Eis: „Ich weiß."

Und so geschah's. Es einfach schmolz.
Zum zweiten kam's und war gespannt.
Würd' schmelzen es denn auch? Das Holz
blieb hart jedoch, bis es verbrannt.

Aus anderm Holz, salopp gesagt,
der dritte war, denn's sprach der Stein,
nachdem das Feuer ihn gefragt:
„Verbrennst du oder schmilzt du?", „Nein!"

Das Feuer ging erst noch ein Stück,
bevor's erwog, zu geh'n nach Haus,
dacht' kurz ans Wort des Steins zurück
und ging danach halt nur noch aus.

Und fragt ein Mensch nach ihr, soll sein
dies die Moral von der Geschicht':
Am besten spricht man an den Stein
am Wegesrand im Winter nicht!

Folgendes Elementare

Es nicht ganz klar ist, welche Element'
zu führ'n als die, die die, die die man nennt.
Die Meinungen da auseinander geh'n,
währ'nd beieinander sie im Lehrbuch steh'n.

Und da gemeint mit Elementen hie
nicht die so vielen, die in der Chemie
fixiert nach Perioden zum System,
kann ja entsteh'n erst gar nicht solch Problem.

Es soll ja auch um nichts Beschwer'ndes geh'n,
um nichts, was gar nicht leicht wär' zu versteh'n.
Es sei vertreten nur die Theorie,
von der so mancher wohl gehört noch nie.

Die Theorie versucht zu legen dar,
warum zu grundlegend Vorhand'ner Schar,
in die man Wasser, Luft und Erd' gewählt,
das Feuer oftmals nicht dazu man zählt,

vor allem und besonders dann grad' nicht,
wenn man halt wieder mal grad' davon spricht,
daß irgendwer in seinem Element,
in dem dann gern er hat zu sein präsent.

Und um zur Sache rasch zurückzukehr'n,
bevor zu lang des Ausgeführten Währ'n
und noch der Sinn desselben hinterfragt,
erwähnt sei, daß die Theorie besagt,

daß irgendwann recht mächt'ger Sonderling
aus ungeklärtem Grunde Feuer fing,
währ'nd er in Ruh' Erd', Luft und Wasser ließ,
was manch' Experte auch schon Blödsinn hieß.

Freches Mädchen tat's

Es hängte süßen Eises Stiel,
der nur Sekunden d'rin geklebt,
in Apfelbaums Gezweig. Er fiel,
weil Schwerkraft siegreich dies erstrebt.

Ein Apfel, der dies mitbekam,
indes das Ganze ihm mißfiel,
ein Blatt kurz weg vom Munde nahm
und meinte, das wär' nicht sein Stiel.

Er hatte recht, eh' vor den Fuß
statt auf ihn er dem Mädchen fiel,
das dann auch säuerlichem Gruß,

den stiellos er als Teil vom Mus
am End' entbot, verfehltes Ziel.

Gegebenenfalls in Wut

Gerät gegeb'nenfalls ein Ess in Wut,
und zwar an dafür wie geschaff'ner Stell',
meint mit der Ordnung es es nicht grad' gut
und lockt womöglich an auch noch ein Ell.

Wenn auch das Ell dann noch in Wut gerät
und mittig sich im neuen Wort plaziert,
gewachs'ne Wut als Wust zur Wulst sich bläht,
was dann gegeb'nenfalls nun mal passiert.

Gegenstand, Sache, Ding

Der Gegenstand, die Sache und das Ding,
die lagen plötzlich einmal sich so nah,
daß die Entfernungen mal so gering,
daß nichts mehr dort lag, sondern alles da.

Sie war'n sich vorher nie so nah gekommen.
D'rum war'n sie etwas konsterniert, die drei.
Hätt' man geseh'n sie, hätt' man wahrgenommen
vielleicht auch der Objekte Allerlei.

Womit genannt auch schon der eine Grund
für die Bestürzung, die den drei'n beschert,
da zu befürchten stand zu starker Schwund
von jeweils individuellem Wert.

Es schienen Gegenstand und Ding und Sache
d'rum alles andere als angetan
von ihren Gegenübern, denen Rache
sie schworen für ihr unverschämtes Nah'n.

Es schwor ein jeder sie den andren zwei'n,
die ja, wenn selbst man zu sich ehrlich war,
im Grund nicht selber schuld d'ran konnten sein
als die, die die, die eig'ner Kräfte bar.

Nur war halt der, der der, der sie tat legen,
natürlich unantastbar. Es d'rum galt,
die Feindschaft zu den andren zwei'n zu hegen,
die aus zu großer Näh' man haßte halt.

Das Ding, die Sache und der Gegenstand,
die sah'n in feindschaftlicher Einigkeit
gebracht sich an der Niederlage Rand,
von dem sie stets gewähnt entfernt sich weit.

Und dieser Rand von jener Niederlage,
die zu bezeichnen besser als Verlust,
der galt mit Sicherheit und ohne Frage
für sie als Androhung von weit'rem Frust.

So lag frustriert und ohne Übersicht
dies Trio aus Objekten ziemlich bang,
befürchtend ein Verlier'n und den Verzicht.
Doch lag man so sich nah nicht mehr sehr lang,

denn auseinander man sie wieder legte.
Und siehe da! Als sie dann nur von fern
sich wieder sah'n, sich gleich der Unmut regte.
's sah keines von den drei'n die Trennung gern.

Vereinsamung vor Augen, schnell wurd' groß
die Ablehnung, die man entgegenbracht'
dem wiederhergestellten Einzellos,
und stärk're Regungen dadurch entfacht.

Denn's war total entsetzt der Gegenstand,
der Kraft zum Widerstand dort vor nicht fand.
Genauso schlecht bestellt war's um das Ding,
des Kraft zum Widerstand dort zu gering.

Und es genauso schlecht erging der Sache,
der'n Kraft zum Widerstand dort allzu schwache.
Daß eigentlich bedeutet wider gegen,
kam dort dem Gegenstand grad' ungelegen.

Für Ding und Sache wär' dies sowieso
nie relevant gewesen, nirgendwo.
's gefällt die Näh' zum Nächsten nie so recht.
Die Fern' zu ihm empfindet man als schlecht.

Am besten scheint das Mittelmaß letztendlich,
betrachtet dinglich, sächlich, gegenständlich.

Glücklose Runkelrübe

's wollt' seh'n eines Tages die Runkel
am Himmel der Sterne Gefunkel,

nachdem sie in heimischer Erde
gesehen sich satt an dem Dunkel,
und reichte d'rum ein gleich Beschwerde.

Doch als dann die Runkel, die Rübe,
aus dem ihr beschiedenen Schriebe,

sofern sie's d'raus richtig entnahm,
erfahr'n, daß sie eh nicht d'rin bliebe,
die Ernte dazwischen ihr kam.

Große sowie kleine Themen

Nimmt zu wichtig sich globaler Handel,
fordert auf zum Handeln er gewaltsam.
Macht aus nichts sich was der Klimawandel,
tut voran er schreiten unaufhaltsam.

Greift nach drei Chinesen hartes Händchen,
könnt' für diese sein auf deutsch es schwielig.
Im Gefrierschrank kopflos starr'nde Entchen
soll'n doch sein nicht gar so wetterfühlig.

Grundrechenarten

Schließlich mit allem ja rechnen man muß.
Folglich läßt kommen sich leicht zu dem Schluß:
Eignen dürft', will mit dem Rechnen man starten,
nichts sich so gut wie die Grundrechenarten,

ob sie nun malnehmen statt zu addier'n,
einfach nur teil'n oder doch subtrahier'n,
statt des Zusammenzähl'ns multiplizieren
oder nur abzieh'n und nicht dividieren.

Gleich! So erzielen mit Sicherheit sie
manch Resultat, auch Ergebnisse, die
unter dem Strich niemals falsch, falls es richtig,
daß nur die Rechner im Grunde noch wichtig.

Häuserkampf, still und starr

Zu einem Dorf, mehr mittelgroß,
in dem ganz selten zu viel los,
trägt seinen Teil manch Haus halt bei.
Betrachtet näher seien zwei,

zwei Häuser, die, vor Jahr'n erbaut,
inzwischen sich doch sehr vertraut,
da Nachbarn sie fast mehr als die,
die gut und gern bewohnen sie.

Nun ist es so, daß diese zwei
Gebäude, denen einerlei,
daß Nachbarschaften gut sein soll'n,
im Wettstreit stets sich messen woll'n.

Der Häuserkampf, wenn man so will,
der toben dort muß starr und still
aus Gründen, die ja wohl bekannt,
das Bild beherrscht, seit er entbrannt.

Und's tut sich dabei noch hervor
das Haus, das jedesmal verlor
beim Wettlauf, der stets neu beginnt,
eh' sie ins Ziel gekommen sind.

's kämpft um die Führung unentwegt
und mächtig in das Zeug sich legt.
Doch will es einfach hin nicht hau'n.
Es darf sich nie am Sieg erbau'n.

Man hört und sieht nicht, wie gesagt,
wie's neben andrem ab sich plagt.
Doch ahnt man's, 's muß sein Frust sein groß,
wie's dort so steht so erkerlos.

Und so auch mit dem Vorwurf steht's:
„Mit rechten Dingen zu nicht geht's.
Hol' nie mehr auf und leg' zur Last
den Vorsprung, den seit je du hast."

Hoffentlich nicht unleserlich

Es handelt sich bei diesem hier,
indes es wächst, vielleicht gedeiht,
indem gebracht es zu Papier,
im Grund um eine Kleinigkeit.

Als solche ist es kein Bericht
und tut es auch nicht als Geschicht'.
Als jüngst verwunsch'nes Sinngedicht

ins Poesiealbum gepaßt
wie Faust ins Öhr, war's wie verhext.
's ist dies hier keines. Glaube fast,
daß schlichtweg es ein Häufchen Text.

Hü, hott

Der neue Tag war schon erwacht.
Am Himmel schon die Sonne lacht'.
Frommen Sinn voll frischer Taten,
standen Leut' vor ihren Katen.

In freudiger Erwartung war'n
in Ställen all der Tiere Schar'n.
's freuten Pferde sich am meisten,
Dienste treu ihr'n Herr'n zu leisten.

Die brauchten sie fürs Transportier'n,
da insbesond're fürs Kutschier'n,
so auch wieder an dem Tage,
der das Neue dieser Sage.

Sie wollten nämlich in die Stadt,
die ihnen viel zu bieten hatt'.
Also holten sie sich alle,
die sie brauchten, aus dem Stalle.

Die Kutsche stand bereits bereit.
Und wieder einmal war's soweit.
's konnte gehen schon vor dannen.
's war allein noch anzuspannen.

Doch als die Pferde im Geschirr,
da gab es ein gar graus' Geklirr,
weil halt nicht nur Elefanten
für Zerstörungswerk Garanten,

wenn sie umringt von Porzellan,
was danach auch die Leute sah'n.
's wissen alte Wissensquellen
ferner von den Pferdeställen,

daß daneben es kann eben
einen solchen Laden geben.

Igel sieht sie nicht als Adler

's hat der sehr beliebte Igel
Stacheln und der Beine vier.
Doch besitzt er keine Flügel,
kann d'rum landen nicht bei ihr,

die dagegen tut halt loben
sich die Vögel, da fast wie
sämtliches, was gut, von oben
auf den Boden kommen die.

Tatsach' ist und kein Geblödel,
eher Anlaß für Applaus,
daß sie zwischen Meisenknödel
und stets vollem Futterhaus

vor dem Wohnheim, das das ihre,
eine Vogelscheuch' plaziert,
d'rauf fixiert, daß man kapiere,
was sie dazu inspiriert.

Im Doppelpack

Zwei der sicherlich nicht grad' Betuchten,
die's vermieden, jemand zu entführen,
eine Geiselnahme mal versuchten,
um's mit Illegalem zu probieren.

Ignorier'nd an ihrem Tun's Infame,
drohten sie zu Nehmenden mit Hieben.
Philomena war der Geißelname.
Wie die Peitsche hieß, stand nicht geschrieben.

Imme oder Emse

Die Imme und die Emse man verglich,
um zu erfahr'n, ob letztlich unterm Strich
Verwertbares dabei heraus wohl käme,
wenn man die zwei vergleichend vor sich nähme.

Man ignorierte jemands inn're Stimme,
die sprach: „Vergleichen wir doch mal die Imme
mit einem anderen Insekt, der Bremse!",
da das Vergleichsinsekt zu sein die Emse.

Mit ihresgleichen bilden beide Staaten
und sind gar fleißig, stets bereit für Taten.
Und weil sie schnell verglichen, blieb noch Zeit
für eine weitere Gemeinsamkeit.

Denn diese zwei, die kaum noch jemand kennt,
wenn man sie Imme oder Emse nennt,
inzwischen ganz geläuf'ge Namen haben,
die ihnen irgendwann die Menschen gaben.

Benötigt wurd' dann so ein Mensch noch bloß,
am besten weder faul noch staatenlos.
Den fand man, ließ ihn, um's nicht seinzulassen,
die Resultate kurz zusammenfassen.

Und der war keineswegs nur irgendwer.
Und weil er auch noch schlich ihm hinterher,
nicht nur voraus ihm eilte guter Ruf.
Er d'rum beachtenswertes Fazit schuf:

„Es ist beeindruckend, daß mit Vergleichen
sich unterm Strich läßt derart viel erreichen."

In den April geschickt

's dacht' sich der schier Überraschte: „Sieh da!",
als er gesprochen die Worte: „Ich will."
Kurz nur, nachdem man entlockt ihm ein Ja,
schickte man nämlich ihn in den April.

Als er gefragt, war er grade dabei,
nahezu arglos zu weilen im März.
Hätte geschickt man ihn gleich in den Mai,
hätt' er wohl dennoch entlarvt es als Scherz.

Innerhalb der Turner Halle

die von Haus aus eine flache,
war'n bestimmt nicht immer alle
Turner richtig bei der Sache,

währ'nd mit Recht man durft' erwarten,
daß dies diese ohne Klagen
stets zu sein, die auf dem harten
Boden jener Turnhall' lagen.

's waren dies in aller Kürze
die d'rin ausgelegten Matten,
die in schlimmsten Fällen Stürze
effektiv zu mildern hatten.

Dienend nicht so ganz dem Zwecke,
lag auf einer solchen Matte
eine Matte in der Ecke,
wo verausgabt sie sich hatte.

Ja, wenn er könnt' und nicht schon wär'

Ja, wenn er könnt' und nicht schon wär',
dann wär's nicht mal mehr halb so schwer,
dann würd' er's tun! Und er würd's schaffen.
Da hätten die dann was zu gaffen,

die über ihn, den Pinguin,
so überklug stets herzuzieh'n,
daß er in Frackes Tasch' sich löge,
würd' stur besteh'n er d'rauf, er flöge,

wie's bei manch andern Vögeln Brauch,
zur Herbstzeit in den Süden auch,
wenn er's nur könnt', nicht dort schon wär'.

Jeweils durch die Blume

Das Gänseblümchen oft sich sonnte,
währ'nd's unter Tags im Garten stand,
schon deshalb, weil es dieses konnte,
weil mancher Strahl es vor dort fand.

Die Sonnenblume konnt' gestatten
dies eines Tags ihm länger nicht
und stellte klar es in den Schatten.
Ihr Name nahm sie in die Pflicht.

Das ging nicht durch als schöne Sache,
auch wenn im Spiel manch Mißversteh'n,
und flüsterte wohl gar nach Rache,
konnt' so nicht glimpflich weitergeh'n.

D'rob animierte Gänseblume
beschmiß ein Sonnenblümchen schlicht
mit vorgefund'ner Ackerkrume,
auf daß dem auch getrübt mal's Licht.

Kokossplitter

Auf grüner Wiese stand die Kokospalme
und überragte deren Grases Halme
um neunzehn Haupteslängen, wenn nicht mehr.
Es richtig abzuschätzen, fiel zu schwer

dem extra Angereisten, der putzmunter,
hellwach sowie heilfroh im Grase unter
der Palme just am letzten Urlaubstag
in dem von ihr spendierten Schatten lag,

als so beschäftigt grad' mit ihrem Ragen
die Palme, daß sie glatt vergaß, zu tragen
noch einen weit'ren Tag die Kokosnuß,
für die der Sturz zu Boden d'rob ein Muß.

Auf betoniertem Grund mußt' sie zersplittern.
Kein Grund somit für eines Unheils Wittern!

Krötenhein und Schlangenliese

standen stramm auf Wald und Wiese.
Auf der Wiese stramm sie standen.
Auf dem Wald, den toll sie fanden,

konnte praktisch niemanc stehen.
Wer's nicht glaubt, muß ein es sehen.
„Krötenhein", sprach Schlangenliese
im Befehlston auf der Wiese,

„gib mir zwei von deinen Beinen!
Mit dem Beinpaar, jenem einen,
das dann jeweils uns gegeben,
dir von Gott, mir nicht, läßt leben

gut es sich und mehr als stehen.
Laß uns dann im Gleichschritt gehen
hin zum tollen Wald, d'rin schmollen,
falls auch dort wir strammsteh'n sollen!"

Lockere Feststellungen

Das Gegenteil ist doch der Fall.
D'rum Gegner unser unrecht haben
und wir beileibe keinen Knall.
Zum Glück wir nicht klein bei gleich gaben.

's war nicht der Förster, der an Land,
den der wollt' nicht für dumm verkaufen,
der rief, währ'nd er am Hafen stand:
„Da ist ein Schiff grad' eingelaufen!"

's war nicht der Förster, der d'rauf sprach:
„Das kann ich durchaus fühl'n ihm nach.
Noch manches andre liefe ein,
müßt' ständig es im Wasser sein.

Doch glaub' ich, daß es schlimmer wär',
auch's Wasser nähm's vielleicht recht schwer,
würd' laufen aus das Schiff, wär' fort
dann das, was es gehabt an Bord."

's war nicht der Seemann, dem am See
erzählt von klagender Allee,
der'n Nachbarstraße Waldweg hieß,
solange noch vertretbar dies.

Als abgeholzt der letzte Baum
und gänzlich aus der grüne Traum,
wurd' jener Waldweg umbenannt
in Waldwegweg, was kaum bekannt.

's war nicht der Seemann, der d'rauf fragte:
„Wer hilft mir, falls ich nicht versteh',
weswegen die, die die, die klagte,
zu sein grad' hatte die Allee?"

Zum Schluß zurück zu uns! Wir geben
zwar oft klein bei, doch zu, und wie,
daß man sich irgendwann im Leben
gewöhnt sogar an Agonie!

Lyrische Teeblätter

Ein dürres echtes Teeblatt lag
und liebte angeblich es lyrisch
und fügte rasch hinzu: „Doch mag
ich's nicht gereimt und nicht satirisch."

Nicht nur beim Liegen tat's ihm gleich
ein zweites Exemplar daneben,
das fett, an Kalori'n recht reich
und bloß ein sogenanntes eben.

Dies Teeblatt wollt' nicht nur so tun.
So sprach's als Boshafteres zweier:
„Der Tee zieht ohne dich, was nun?
Dich holt doch nicht mal mehr der Geier.

Mich holt zum Tee sich gleich Frau Beck,
verzehrt nicht vorher mich Frau Meier.
Ich nun mal schmeck' und bin dann weg."
Nichts Neues, stets die alte Leier!

Meeressäuger im Element

Auf grader unt'rer Meeresstrecke
bog rund ein Taucher um die Ecke
und kam sowohl in den Genuß
als auch herum und zu dem Schluß.

Ganz nebenbei dorthin auch fanden
zwei große Fische, die verstanden
so einiges schon lang nicht mehr
sowie ihr eig'nes Wort nur schwer.

So kam dorthin und sprach ein Thunfisch,
der d'rum wohl sich verstand als Huhnfisch:
„Das Ei kam später aus dem Huhn.
Ich kam zuerst. 's gibt kein Vertun."

's kam gleichzeitig und sprach ein Haifisch,
der wied'rum sich verstand als Eifisch:
„Das Huhn kam später aus dem Ei.
Ich mahl' zuerst. Ich bin so frei."

D'rauf stieß dazu und sprach ein Walfisch,
der sich zu gern verstand als Mahlfisch
und eh schon höher eingestuft:
„'s mahlt der, der dazu sich beruft."

Da sah man's wieder. Zu beäugen
gleich zweifach war's. Für die, die säugen,
wird's Meer oft erst zur nassen Gruft,
woll'n d'rinnen schnappen sie nach Luft.

Mehrheitsverhältnisse

Zwei Vierer ohne Steuermänner
mit ihrem statt auf einen Nenner

zum Treffpunkt mitgebrachten Freund,
die kamen, wie erkannt vom Kenner,
auch nur im Endeffekt zu neunt.

Denn vorher war'n im Grund zum Zwecke
des Abschieds von der Ruderstrecke,

die nur noch ganz normal umzäunt,
nachdem entfernt die dorn'ge Hecke,
noch ziellos sie zu dritt gestreunt.

Mit gruseligem Inhalt

Am Donnerstag zur Mitternacht,
da sprach das Beinhaus zu dem Karner:
„So laß, auch wenn es Angst dir macht,
fungier'n mich heute mal als Warner!

Ich warne dich, um's schlichtweg schlicht
und schlichtweg einfach dir zu sagen,
und würd' dir ferner raten nicht,
die Warnung in den Wind zu schlagen!

Gewarnt sei! Laß gewarnt dich sein!
Verstehst du, was ich grad' dir sage,
was ich, das Haus, in dem Gebein,
an dich heran als Warnung trage?

Dann kannst du sein ja nicht ganz dicht.
Wie sollt' denn ich fungier'n als Warner?
's kann sprechen doch ein Beinhaus nicht."
's war übrigens ganz dicht der Karner.

Nächstes Jahr geht's in die Berge

Da liegt erneut er nun am Meeresstrand
in einem wärmstens ihm empfohl'nen Land,
um hier den Sommerurlaub zu verbringen,
der wieder wohlverdient vor allen Dingen.

Doch eher ständig als gelegentlich
fragt Lutz in solcherlei Umgebung sich:
„Wieso nennt Meeresfrüchte, sag es mir,
man einem Meer entnommenes Getier?"

Als er die Antwort d'rauf erneut nicht kennt,
hat er die Schnauze voll, springt auf und rennt
zum Wasser, stürzt sich ohne Scheu hinein
und taucht. Er weiß, das muß jetzt einfach sein.

Denn immer, wenn er etwas nicht versteht,
fragt die, die's wissen müßten, Lutz konkret,
in diesem Fall dem Meer entriss'ne Muscheln.
Doch die versteht er auch nicht, weil sie nuscheln.

Nichts sagender Skolopender

's sagt im Walde steh'nder Sechzehnender,
der nicht jeden anspricht, jede Wette,
zu dem angesproch'nen Skolopender:
„Wenn wie du ich hundert Füße hätte,

ich noch immer attraktiv mich fände,
während du, gib's zu, wenn du besäßest
neben vorderem und hint'rem Ende
vierzehn weit're, dich vor Zorn vergäßest!"

Noch belebtes Straßenpflaster

Währ'nd unruhig geword'ner Fahrt
verlor dies ignorier'nder Laster,
war das auch sonst nicht seine Art,
den Stein für zu erstell'ndes Pflaster,

den einen, der nach kurzem Flug,
bei dem er wirkte wie ein Brocken,
natürlich unsanft auf dann schlug
und sich halt fürchterlich erschrocken.

Nach letztlich überwund'nem Schreck
sein hartes Los er gleich beklagte:
„O weh, jetzt ist mein Laster weg
und mir kein Wort zum Abschied sagte!"

„Was bist denn du für einer, sag?",
bekam er plötzlich d'rauf zu hören
vom Pflasterstein, auf dem er lag.
Ein Kopfstein war's, kaum zu empören.

Auch dieser war verwundert bloß
und sagte: „Hör doch auf zu jammern!
Sei froh doch, daß du's endlich los!
Hör auf, dich jetzt noch d'ran zu klammern!

Ich glaub', von mir würd's nie vermißt,
verlöre einmal ich mein Laster,
und daß das auch die Meinung ist
von manchem andren hier im Pflaster.

Mein Laster übrigens ist, daß,
zugrunde liegend Reifen, Füßen,
's mir macht schon lange leidlich Spaß,
als Unbeeindruckter zu grüßen."

Der lose Stein, der durch die Wucht
des Aufpralls leicht beschädigt hatte
den einen, der ihn hätt' verflucht,
vermied geschickt auch die Debatte.

Es meinte zwar noch das und dies
der Kopfstein. Doch das Allgemeine
war das, wobei man es beließ:
„Wir haben's schwer, wir Pflastersteine!"

Um's Beste noch zu machen d'raus,
erkor auf einmal leichte Dinge
der flugerfahr'ne Stein sich aus
und hielt sich an zwei Schmetterlinge.

Ein Schmetterling nahm einmal teil
an einem vieler Wettbewerbe.
„Damit ich nicht aus Langeweil'",
so scherzte er, „mal plötzlich sterbe!"

Je zwei dann aus der Tiere Reich
sich fragten zu verschied'nen Händen:
„Werd' ich es sein, das im Vergleich
die kleinen Mädchen süßer fänden?"

Als gar nicht mal so häßlich' Ding
trat als sein Gegner an die Spinne.
Und's dachte sich der Schmetterling:
„Kann hoffen nur, daß ich gewinne."

Sein Sieg war niemals in Gefahr.
's hätt' müssen sein ihm gar nicht bange.
Er lag dann vor ihr fast so klar
wie das Kaninchen vor der Schlange.

Öhrapparate

Vier Hörgeräte streiten sich.
Sie streiten sich ob ob'gen Worts,
was gar nicht so verwunderlich
und immer möglich allerorts.

Doch dieser Fall ist speziell,
denn's sind Gestalt der Streitpartei'n,
Distanz zu Ohr und Trommelfell
sowie Gehalt an Wahrheit klein.

Das erste meint, nicht nur zum Spaß,
daß Buchstab' eins mit Buchstab' zwei
beim Schreiben dann von dem, der las,
halt nur verwechselt worden sei.

Das zweite meint, währ'nd's zynisch grient,
das O des Ohrs des Worts des Streits,
das habe Punkte sich verdient
als Kandidat, dem Spiele Reiz.

Die andern zwei, die recht naiv,
die meinen etwas andres noch
und streiten sich recht intensiv
und haben recht für sich halt doch.

Doch er, der dieses Wort erschuf,
moderner Künstler von Beruf,
Erschaffer von so mancher Kunst,
für die gewährt ihm Geld und Gunst,

er war nur wieder d'rauf erpicht,
daß ihm gezollt, und damit nicht
nur Hörgeräte ärgern wollt'.

Oktopode im Anzug

's kam, was wen'ge kommen sahen
und vermeidbar wohl nicht war,
so ein Krake, durfte nahen,
kam als Oktopus sogar,

kam zu drei'n in seinem Garten,
die gesetzt an einen Tisch,
die gelöst schon mal mit Karten
Geldprobleme spielerisch.

Schon ging's los. Und seine Klasse
zeigte nicht nur modisch er.
Er, der Oktopus, ein Asse
aus den Ärmeln Schüttelnder,

barg im Anzug deren sieben,
variabel einsetzbar,
was dann war wohl übertrieben,
wenn's geschummelt nicht sogar.

Parkplätzchen, ruhiges

Dem ständig tierisch lauten Park
entfuhr's belästigend und störend,
um zu spazier'n durch Bein und Mark
der vielen, die d'rin weilten hörend.

Als neulich Lärm, Radau und Krach
darin zugange wie ja immer,
da wurden die auf einmal schwach,
was man geglaubt hätt' nie und nimmer.

So wirkte es wie ausgeheckt,
als sich die drei zur Ruhe setzten,
zu ihr, die still saß und versteckt
auf Parkes Bank, der hint'ren, letzten.

Man wies d'rauf hin, daß ihre Pflicht
zu zähl'n wär' zu den schwer Verletzten,
und schrie sie an. Dies sörte nicht
die drei, die sich zur Ruhe setzten.

Pastinakenfall

Eine reimbedingte Pastinake
warf ein Freund der Tiere vor zum Fraße
der vor ihm am Boden ruh'nden Schnake,
die doch hungrig schien in hohem Maße.

Sie sollte fressen sich mal richtig satt.
Er warf die Feldfrucht nur ein Stück zu weit.
Da war die vorher mag're Schnake platt
ob der am Tier verübten Menschlichkeit.

Quantitätsunterschiede

Fünf mal sechs ergibt seit alters dreißig
und zehn mal drei indes denselben Wert.
Und die große Mehrheit glaubt das fleißig,
weil's mathematisch ihr so gut erklärt.

Einer kleinen Minderheit indessen
sind dreißig teils zuwenig, teils zuviel.
Deshalb hielte die's für angemessen,
würd' man erweitern hier den Raum fürs Spiel.

Reise nach Jerusalem

Er war, da vollends angeheitert,
so frei und spürte, daß erweitert
in solchem Maß sein Horizont,
daß auch allein er's spielen konnt'.

Er wollt' zunächst noch nach Orlando
und setzte sich auf sein Kommando
im eingebildeten Gewühle
fast schwungvoll zwischen alle Stühle.

Es war'n zuviel für ihn die zwei
und beide Reisen jäh vorbei.

Resultat der Reifeprüfung

's stellte schlicht und einfach und ergreifend
sich heraus ein Früchtchen, das d'rob sauer,
als zu träge und zu langsam reifend,
um schon reif zu sein, gesagt genauer,

reif genug zu sein schon für die Insel.
Und so kam es erst mal nur Herrn Ahlers
vor den Stilleben kreier'nden Pinsel,
der das Werkzeug jenes Festlandsmalers.

Sägensagen

Ein Landbewohner ohne Fehl,
der arbeitsam und oft fidel,
ging frisch ans Werk tagein, tagaus
mal in, mal vor, mal hinterm Haus,

so auch am Tag, der nach der Sag'
als Freitagmorgen vor ihm lag,
an dem er hinterm Haus sich dacht':
„'s wird kurz heut' Holz, das lang, gemacht.“

Und er war froh, daß seinerseits
er vorbereitet viel bereits,
indes bereit schon stand's Gerät,
dem nachgesagt ward Qualität.

Mit seiner Arbeit er begann
und schaltete die Kreissäg' an.
Daß diese nunmehr an und lief,
den Nachbarn quasi zu sie rief.

Dann war's soweit. Er legte los,
sein Arbeitseifer wirkte groß,
und griff sich's erste lange Holz,
war d'rin geübt. Gelingen sollt's.

Er also in die Hände nahm
d'rauf Stück für Stück, wie's halt grad' kam,
und führte es zum Sägeblatt.
Das sägte gut. 's lief alles glatt.

Die Späne flogen wild umher
und legten dann sich in die Quer'
und häuften mit der Zeit sich an.
Der Haufen wuchs, an Form gewann.

Doch kein Vergleich! Das war ja klar.
Verglichen mit dem Häufchen, war
bald hünenhaft der Kurzholzberg,
der's Häuflein sein ließ flachen Zwerg.

Mit sich kam letztlich überein
der Landbewohner, froh zu sein,
weil gar so gut es ging voran.
Und gut gelaunt er d'rüber sann:

„Da gab's doch diesen schönen Sang
vom Sägen, der vor Jahr'n erklang
aus des verblich'nen Vaters Mund.
Der sang ihn gern, gab's einen Grund.‟

Und langsam fiel'n ihm wieder ein
der Liedtext und die Notenreih'n.
Und leis' zu singen an er fing,
weil sein Gemüt ihn drängte: „Sing!‟

Und immer lauter er erhob
die Stimm'. Die Säge lärmte grob.
Dagegen schwer nur an man kam,
Herausford'rung, die an er nahm.

„Daß singen können Sägen auch,
ich hier nicht zu vertiefen brauch',
da keine, die elektrisch geht,
für diese Form der Tonkunst steht‟,

der gute Mann dazwischen sann,
währ'nd seine Weis' er schwell'n ließ an,
bis immer weiter sie drang vor,
ihm durch den Lärm gar bis ins Ohr.

Die Worte und die Melodie
gefiel'n so gut ihm wie noch nie.
Er werkte, sang und hatte Spaß
und manche Sorge so vergaß.

Vielleicht zu sorglos d'rob er war,
verniedlichend wohl die Gefahr,
die zweifellos hervor stets rief
die Kreissäg', wenn so schnell sie lief.

Nun, kurzer Sinn von langer Red':
Er d'rauf sich dacht': „So schnell's oft geht.
So schnell man gar nicht schauen kann,
wie etwas fehlt, was erst noch d'ran."

Mit Fingern er ins Blatt geriet
und nicht mehr weiter sang sein Lied,
ließ hören nur noch kurzen Schrei
und danach leise Jammerei.

Am Boden zwischen Holz und Span
manch Fingerglied sie liegen sah'n.
Dazugekomm'ner Nachbar riet
zur Sorgfalt und für sich entschied,

Verunglücktem zur Hand zu geh'n,
dem die Bestürzung anzuseh'n.
Der war zumindest konsterniert,
wenn nicht sogar zu Recht schockiert.

's war also Glück und traf sich gut,
daß er, der Nachbar, seh'n konnt' Blut
und Wunden. Der war abgebrüht,
gab hilfsbereit sich und bemüht.

Er stillte grob des Blutes Lauf
und sammelte die Teile auf,
die noch zu retten ja vielleicht,
falls schnell genug ein Arzt erreicht,

und packte dann den armen Mann
recht zügig, daß man Zeit gewann,
in sein Gefährt, fuhr los, um schnell
zu kommen von der Unglücksstell'.

Und bald schon in der Notaufnahm'
mit wundem Fahrgast an er kam,
wo der genannt nun Patient,
der sich per Säg' was abgetrennt.

Und das will eine Sage sein?
Mal ehrlich! Was fällt der denn ein,
zu enden jäh im Krankenhaus,
eh' die Geschicht' erzählet aus?

Ich nicht mehr mag. Erst gar nicht frag
mich nach der zweiten Sägensag'!

Schier gewöhnlicher Amboß

Daß des Verharrens in der Schmiede
er einfach wurd' und ward nicht müde,
das rührte her und kam davon,
von ihr, der Konstitution.

Er führte seine große Härte
zurück auf seine inn'ren Werte,
die spärlich zwar und eher schlicht,
doch eben welche mit Gewicht.

Mit Hilfe seiner fehl'nden Leere
verlieh'n sie ihm zudem die Schwere,
die auch geschätzt an ihm der Schmied,
der ihn zu treten stets vermied.

So glaubte der, schon zur Genüge
zu kennen dessen Wesenszüge,
bis hart und schwer der Amboß fiel
ihm auf den Fuß, der stets sein Ziel.

Der Schmied sich rächte kaum bis nicht,
doch übte lang für den Verzicht
auf die Moral von der Geschicht'.

Schmeckt's

Würde die Eßwaren dafür man rügen,
daß in der Lag' teils, imstande teils sie,
über meist guten Geschmack zu verfügen,
würde es grenzen an Paradoxie.

Käme im Zuge des Massentourismus
Modebewußtseins Verfechter mit Stil
wildem Vertreter des Kannibalismus
abseits der Gleise grad' recht statt ans Ziel,

hätte hingegen, „Das war zu erwarten",
könnt' man jetzt sagen, würd' seh'n man's vorher,
erst'rer Geschmack wohl auf beide der Arten,
die unterscheidbar mit Leichtigkeit schwer,

während sich letzt'rer wohl schmecken ihn ließe,
bis er genug von ihm oder er satt
oder gestellt ihm die Frag', die da hieße:
„Schmeckt's?", würd' befinden vorm Mund sich kein Blatt.

Schmetterlinge vorm Bauch

Ein Schwärmer schwärmte in der Tat verzückt
von vager Leibesfrucht, der'n Werden, Sein.
Ein Spinner spielte irgendwie verrückt
und wollte durch den Nabel, schien's, hinein.

Ein Spanner schaute ihn erregt sich an
und hätt' vom unter'n Teil gern mehr geseh'n.
Drei Schmetterlinge seh'n hätt' können man
vorm Bauch der Frau um fünf, halb zwei und zehn.

Sich abschminken können

Ein holdes Antlitz wieder mal
zum Abend hin den Spiegel trifft
und läßt bemal'n sich mit Kajal
sowohl als auch vom Lippenstift.

's läßt stell'n sich Lider in den Schatten,
kosmetisch sich die Wangen röten.
's hält still und hat es zu gestatten.
Es wird schon recht sein und vonnöten.

Belästigt von der Wimperntusche,
erträgt's auch noch den Nasenpuder.
„Es wär' bloß schlimm, wenn ich's verpfusche",
so denkt wahrscheinlich sich das Luder.

Doch in der Nacht fällt's unter Tränen
aufs Bett nur noch, und man wohl nicht
noch extra hätte zu erwähnen,
als arg verschmiertes Angesicht.

Und's Kissen in Bezug auf Bett,
das nimmt Bezug sich vor und spricht
ihn an: „Ach, wenn ich dich nicht hätt'!"

Sich Geschichten Ausdenkender

Er dachte sich Geschichten aus
und machte manchmal sich was d'raus,
doch keine zu Papier je bracht'.
Er, wie gesagt, sie aus sich dacht'.

Er stellte höchstens in den Raum
sie, wo sie wahrgenommen kaum,
da bei Gesellschaft jeder Schicht
er ähnlich gern geübt Verzicht.

Es sei jedoch gleich eingeräumt,
daß eher gar nichts man versäumt,
wenn gar nichts man genommen wahr
von der durch ihn gestellten Schar.

Sie war'n zwar nie der reinste Mist,
doch riß ihn, wenn man ehrlich ist,
von den Geschichten keine je
von Sessel oder Kanapee.

Nur eine mal, das wußte er,
gelungen ihm vortrefflich wär'.
Die wär' bestimmt geworden toll.
Schon die Idee war wundervoll.

„Was dann nach der Geschicht' Kreier'n
d'rin alles können hätt' passier'n,
nicht auszudenken!", dacht' er schlicht.
Nun, was nicht geht, das geht halt nicht.

Sonne und Bauer

Zuerst war Himmel noch bedeckt.
Dann Sonne durch die Wolken brach
und wurd' von ihnen arg erschreckt,
da die so leicht gegeben nach.

Sie stürzte auf die Erde zu,
bevor sie d'rauf zu Boden fiel,
und war ganz sicher sich im Nu,
daß beide leider nicht ihr Ziel.

Mit dumpfem Knall traf sie dann auf
den Bauern, der ein Feld bestellt
und nicht zu warten d'rum schien d'rauf,
daß Scheinendes vom Himmel fällt.

Ja, das Bestellte war's, was er
erwartete seit Wochen schon!
Er sann: „Kommt's jetzt nicht bald daher,
könnt' laufen mir die Zeit davon.

Nachdem's geliefert, aufgestellt,
will schließlich ich als Bauersmann
noch etwas anbau'n auf dem Feld,
eh' sich der Winter kündigt an."

Die Sonne matt daneben lag
und sprach, währ'nd sie geglüht noch nach:
„Nur dies noch, eh' ich mich beklag':
Ich liege hier, dort alles brach."

Teil eines Umsiedlungsprojekts

Herr Köchler, dem gefällt, was zierlich,
hält sie im Grunde für possierlich,
nennt's heuchlerisch und ungebührlich,
zu äußern d'rob sich despektierlich.

Doch will er sie, die Küchenschaben,
die gern sich d'rin an Resten laben,
nicht länger in der Küche haben.
D'rum hat er nachts mit leck'ren Gaben,

die hochwertig und fein und frisch,
für sich und sie verführerisch
im Eßzimmer gedeckt den Tisch
und prostet zu dem Silberfisch.

Tintenfisch, wie er im Buche

Ein Tintenfisch, der, weil's sich so gehört,
herum in Ozeans Gewässer schwamm,
tat selbiges so lange ungestört,
bis eines Tags er fiel nicht weit vom Stamm.

Und, wie gesagt, es war ein Tintenfisch.
Wie mag es da erst einem Apfel geh'n,
kommt er als Frucht des Meeres auf den Tisch,
anstatt auf andrem Blatt im Buch zu steh'n.

Trine

Als einem von den Kleidungsstücken,
die auch fürs Steigen, Kni'n und Bücken
gedacht wie auch gemacht, war Trine
durchaus vertraut die Arbeitsbühne.

Zu fühl'n sich dennoch nicht als Star,
der Hose Selbstverständnis war,
die nichts als ihre Pflicht wollt' tun,
nicht, daß am End' sie auszubuh'n.

Sie wünschte sich nur, gut zu sitzen,
wollt' dem, der sie getragen, nützen
und seine Arbeit, die er täglich
zu machen, machen ihm erträglich.

So machte, ging's, sie alles mit,
bereit für jeden Arbeitsschritt,
ließ Werkzeuge in sich verstau'n.
Ihr Träger konnt' auf Trine bau'n.

D'rum hatte sie auch keinen Schimmer,
weswegen der dies tat nicht immer
und spür'n sie ließ die Leer', die große,
als arbeitslose Arbeitshose,

wann immer er, mal hoch, mal tief,
mal locker nur, mal fester schlief,
indessen sie erschlafft als Ding
vorm Bette überm Stuhle hing.

In seidenart'gen Anzugs Hose,
von Haus aus eine Tatenlose,
ließ immer dann der Herr, der feine,
verstaut sein Unterleib und Beine.

So konnt' verarbeiten im Traum
Erlebtes dieser Arsch wohl kaum.
Und Trine, Ende der Geschicht',
wollt' es begreifen einfach nicht.

Überbrückend

Die Brücke überbrückt den Fluß
für jeden, der hinübermuß.
Ich muß das nicht, bleib' auf ihr stehen,
um auf den Fluß hinabzusehen.

Das hätt' ich wohl nicht sollen tun.
Ich mein' das mit dem Seh'n, denn nun
kommt in die Quer' gezog'nem Schlusse
der Brücke Höhe überm Flusse.

Und auch des Flusses trübes Naß
wirkt gar nicht einladend, so daß
sich die Bedenken in mir regen,
die für erneutes Überlegen,

die überlegen, da zu zweit,
letztendlich der Entschlossenheit,
die eine feste war und wollte,
daß hier und so es enden sollte.

Steh' also auf der Brücke hier
und denk', wie ich so steh', bei mir:
„Bevor ich spring', lass' ich was springen,
und sei es eines von den Dingen,

so eins, wie man's halt führt so mit,
wenn man vors Haus zwecks Weggangs tritt,
in diesem Fall der Haustür Klinke,
die sich noch schmiegt in meine Linke."

Gerührt sie aufs Geländer leg',
den Startblock für ihr'n letzten Weg.
Entschuldigend die Rechte hebe,
währ'nd ich mit links ihr's Stößchen gebe.

Aus freien Stücken wollt' sie nicht.
So mag aus Außensteh'nder Sicht
so ausseh'n es, als würd' sie fallen.
Schon hör' ich sie aufs Wasser knallen.

In Windeseile sie versinkt.
Und ehe als Vergleich es hinkt,
lass' lieber einfach ich's so stehen.
Werd' sie wohl nie mehr wiedersehen.

Es ist vorbei, so gut wie aus.
Ich käm' nicht mehr hinein ins Haus,
wär' nicht sie, ich Erleicht'rung spüre,
gefall'n mir von des Nachbarn Türe.

's trägt meine Haustür einen Knauf.
Und der sitzt fest. Ich mach' mich auf
und von der Brück', muß mich nicht sputen.
Daheim bin ich in fünf Minuten.

's zieht ohne mich den Strich der Fluß,
denn den zieht der mir nicht als Schluß.
Den zieh' ich selbst und darf mir sagen,
die Brück' zu ihm ist gleich geschlagen:

„Schon mancher, der den Suizid
dort früher grad' noch mal vermied,
woanders anders dann verschied."

Über drei Bienen

Und hier nun gleich, bevor noch deplaziert
er wirken könnt', verfaßter Überbau,
der sicherlich nicht dafür konzipiert,
zu machen irgend jemand wirklich schlau!

Nachdem gekommen sie sich unlängst nah,
durft' ihre Frage stell'n die Biene Tur
der's selbst gern wissen woll'nden Biene Ka:
„Was reimt sich denn auf Biene Konku nur?"

Und dann das

Worin am wirksamsten zu schmollen,
hat ein gern Schmoll'nder wissen wollen
und einfach so sich's Recht verliehen,
sich wahlweise zurückzuziehen.

Er wählte erst die Dornenhecke,
damit's nicht wieder nur die Ecke,
zog d'rauf zurück sich in den Dinkel,
damit's nicht wieder nur der Winkel,

zog d'rauf in Sack und Asche sich
zurück, zu schmoll'n nach Faden, Strich,
und wählte schließlich's Prachtgewand,
wonach zum Resultat er fand.

Doch als der Fund zu tun dann kund,
verbat sich schmollend dies sein Mund.

Und dem Gedicht Beachtung schenkt

„Jetzt fängt er noch mal damit an!"
Genervte förmlich hören kann,
die Schnauzen voll von dort bis hier
vom Schalk, den ich vergrämt, und mir.

Kann das Genervtsein ja versteh'n.
Ich frag' mich halt: Wie konnt's gescheh'n?
Warum nur mußt' das mir passier'n?
Hätt' dürfen nie den Schalk verlier'n.

Wie konnt' ich, werd's mir nie verzeih'n,
denn bloß so unsensibel sein?
Den Schalk im Nacken rutschen ließ
den Buckel mir hinab, wie fies!

's kommt andrerseits mir in den Sinn:
Im Nacken sitzt, sitzt sonst nichts d'rin,
da's wohl der Schalk, der d'rin mir saß,
nun nichts mehr mir statt irgendwas.

Ursachenwirkungswörtchen naht

Urgroßvater und ein Enkel
ganz allein zu Hause weilen.
Weder Schuh' noch Schnürens Senkel
öfters ohne Füße eilen.

Durchaus möglich scheint indessen,
daß zu finden in dem Ganzen,
je nach Maßstab und Ermessen,
winzig große Diskrepanzen.

Als sie schau'n, die beiden sehen,
teils ganz klar und teils verschwommen,
einen Bär'n im Hausflur stehen,
der grad' durch die Tür gekommen.

Den Erzählern von Geschichten
sollt' mitnichten man verwehren,
auch ein Wort des Danks zu richten
an die Opfer solcher Mären.

Packend jenes Ge beim Schopfe,
tritt der Bär in jenes Zimmer,
wo man Honig in dem Topfe
aufbewahrt schon fast seit immer.

Um zum wiederholten Male
von der Handlung wegzuführen,
läßt gelassen das Banale
sich zu diesem Einschub küren.

Der Urgroßvater, ohne Brill',
tut mit dem Seh'n sich grade schwer.
Vom Enkel d'rum er wissen will:
„Was machen Honigtopf und Bär?"

Und der entdeckt, was die zwei tun,
und sagt es nun auch uns: „Er leckt.“

Vergleichender Herr Sedderick

verglich seit Montag Strang mit Strick
und schien verwirrt, als seine Frau
verglich am Dienstag Seil mit Tau.

So nahm, was ihm zu denken gab,
zwar nicht direkt die Arbeit ab
sie ihm, doch daß auch sie verglich,
fand traurig er, fand's ärgerlich,

schon deshalb, weil zuvor er lang
zudem verglichen Strick mit Strang,
währ'nd sie verglichen Tau mit Seil
nur kurz und nur aus Langeweil'.

Der Mittwoch kam. Er's nicht vermied.
Der Strang gepaßt hätt'. Doch's entschied
Herr Sedderick sich für den Strick.
Der lag noch besser im Genick.

Vergrößernde Verniedlichung

Wenn jemand, der förmlich geladen,
mit Lust auf zu knöpfendes Hemd
beim Suchen nach Nadel und Faden
die Hand sich im Nähkasten klemmt,

wenn jemand zum Tage der Feier
mit Lust auf, auch wern sie stibitzt,
gerührte, sich spiegelnde Eier
die Hand sich am Nesthaken ritzt,

wenn jemand zur Pflege der Häute
mit Lust d'rauf, daß gut stets die Hand
geschmiert, weil man's kaum je bereute,
im Fettnapf versaut sich's Gewand,

dann sind, einfach an es mal nehme,
dies sicherlich klein're Probleme
als wenn, aus dem Nähkästchen plaudernd,
das Nesthäkchen, gar nicht lang zaudernd,

ins Fettnäpfchen kurzerhand tritt,
eh's tut den entscheidenden Schritt.

Verwundbare Helden und Herr'n

Sie schwärmt noch heut' davon, wenn man sie läßt.
Und wirklich wahr war's. Sie, das Fräulein Kraft,
traf Siegfried und Achilles auf dem Fest
der heldenhaften Krieger. Sagenhaft!

Und tatsächlich! 's war lädierte Schulter
die Problemzon' von Herrn Siegfried Merse,
währ'nd Achilles alias Herr Multer
Schwierigkeiten mit versehrter Ferse.

Von den sieben Sinnen

Von den sieben Sinnen sie berichtet,
jene Stelle, die da jüngst gesichtet.
Manche meinen gar, sie würd' bericht'gen
zwischen manch' Erzürnen und Beschwicht'gen.

Wenn man näher dann die Stell' betrachtet,
die es wert wohl wär', daß sie beachtet,
läßt problemlos fast heraus sich lesen,
daß im Grunde sie von ernstem Wesen.

Denn schon wen'ge Zeil'n nach ihr'm Beginne
warnt, bezogen auf die sieben Sinne,
sie beinahe völlig unumwunden
vor Gefahren, die damit verbunden.

's sei die Stell', der'n Klartext doch rigider,
hier nur sinngemäß gegeben wieder:
Ja, der Frohsinn, dem zu stark gehuldigt,
schnell zum Leichtsinn führt, der gern beschuldigt!

Auf den Leichtsinn, wenn wie meist er schadend,
folgt der Trübsinn, der oft schwer beladend.
Und der Trübsinn, der dann bringt nicht weiter,
dient dem Eigensinn als Wegbereiter,

währ'nd der Eigensinn, wer will's bestreiten,
wird zum Starrsinn öfter als zuzeiten.
Und der Starrsinn, der Erfolg nicht findet,
in den Irrsinn allzu häufig mündet,

währ'nd der Irrsinn, man kann meist d'rauf warten,
dann in Wahnsinn gar hat auszuarten.
Doch der Wahnsinn kann durch sein Verheißen
eben leider hin zum Frohsinn reißen.

Dieses war, verkündet auf die Schnelle,
's sinngemäße Lauten jener Stelle.
Mehr ist dazu wohl nicht mehr zu sagen.
Doch natürlich wär' zu hinterfragen.

Ob auf Hintersinn dabei man stieße,
sich vor Ort wohl gut erörtern ließe.
Würd' dann auch noch man hinuntersteigen,
würd' vielleicht sich auch noch Tiefsinn zeigen.

Daß voll Widersinn das Ganze aber,
läßt sich seh'n am Streit der Meinungshaber.
Denn währ'nd Blödsinn erster es tut nennen,
tut als Schwachsinn zweiter es erkennen.

Und währ'nd's Stumpfsinn dritter nennt dagegen,
tut auf Unsinn vierter fest sich legen.
Und würd' heften man sich an der'n Ferse,
würd' wohl heft'ger noch die Kontroverse.

Doch wer möcht' schon gern, daß vier beginnen,
aufzuführ'n sich wie von sieben Sinnen.

Von einem Zackenbarsch

Ein Fisch, es war ein Zackenbarsch,
war scharf auf einen Backenarsch.
Sein flossenschwänz'ges Hinterteil
bereitete ihm Langeweil'.

So einen, wie an Menschen er,
den wünschte er sich ja so sehr.
Und weil er eh schon zu viel wollt',
gleich der vom König sein es sollt'.

„Der drückt ihn sinnlos in den Thron.
Gäb' dafür ihm für seine Kron'
gar manchen Zacken reuelos",
so sprach zu sich er rigoros.

Dann sank er stumm, im Schlaf noch kaum,
in gradezu monströsen Traum.
Der bot in seinem Mittelteil
von Oberhäuptern Ärsche feil.

Vor Schwarzbeer'n Schwarzbär'n saßen

Eines Tags vor Schwarzbeer'n Schwarzbär'n saßen,
's wurd' zumindest so mal angenommen,
und, vor Schwarzbeer'n sitzend, Blaubeer'n fraßen,
was die Braunbär'n sah'n wohl so schon kommen.

Wenn vor Blaubeer'n Schwarzbär'n einmal säßen,
was dagegen ja rein hypothetisch,
dann vielleicht ja Schwarzbär'n Schwarzbeer'n fräßen,
was dann doch bedenklich, säh' man's ethisch.

Warum nicht gleich so

Er humpelnd über Lebens Bühne ging
und konnte treten nicht mehr richtig auf.
's mußt' mit verstauchtem Fuß der Schmetterling
das Unheil nehmen lassen seinen Lauf.

Der fitte Laufkäfer, dem nichts tat fehl'n,
der nur die nötigsten Register zog,
ließ nicht sich nehmen es, die Schau zu stehl'n
dem Schmetterling, der von der Bühne flog.

Wasserwirtschaft und Tierhaltung

Vernimmt man, wie die Seekuh muht,
wenn grad' man beim Vernehmen ist,
und wie das Meerschwein grunzen tut,
wobei Geflügel man vermißt,

und hört man, wie der Seehund bellt,
wenn grad' mit Hören man betraut,
und wie, währ'nd dort man nichts bestellt,
die Meerkatze daselbst miaut,

und läßt gewahr'n sich dazu noch,
wie gut das Flußpferd wiehern kann,
und rätselt man halt d'rüber doch,
um aufgeklärt zu werden dann,

und hält in eher ländlich' Raum
man grad' sich auf anstatt im Traum,

dann nimmt des Bauern Nutzgetier
in dessen drei Gewässern grad',
ob's ihm nun fad, ob's ihm Pläsier,
in wen'gstens weiter'm Sinn ein Bad.

Wie konnt' das nur passier'n, der See

Daß Dativ, Genitiv vom Femininum
entsprechen erstem Fall vom Maskulinum
und bei solch' Wort mit zwei Geschlechtern, beiden,
auch am Artikel nicht zu unterscheiden,

ob's männlich oder weiblich wohl zu sehen,
wenn einfach so man solches Wort läßt stehen,
das sei, da's sicher wen'ger int'ressant
und int'ressiert vielleicht nicht mal am Rand,

erwähnt am äußersten der Ränder nur
für die, die wirklich d'rauf beharrten stur.
Und alle andern, die nur d'rauf besteh'n,
die haben es mir eben nachzuseh'n,

daß ich nicht näher d'rauf möcht' gehen ein
und lass' ganz leicht gestreift es höchstens sein.
Nun, wie gesagt, vertieft sei das hier nicht,
da's wirklich völlig andere Geschicht',

die sich noch nie von mir erzählen ließ.
Und sagen wollt' ich eigentlich nur dies:
Da kippte jüngst doch ein Gewässer um,
obwohl es still und ruhig da nur lag.

Da muß ein Logiker doch bleiben stumm,
nachdem gestellt er sich die Anfangsfrag'.

Wilde Karden

Fast so wild wie Leoparden,
der'n Zuhause Wildnis heißt,
sind, wenn's Wilde sind, die Karden,
die zu Hause draußen meist.

Doch es gibt auch zahme Karden,
die gepflegt in Zimmern steh'n,
die's nicht stört mal, sind's Mansarden,
was tagaus, tagein sie seh'n.

Eine solche zahme Karde
stand herum auch bei Herrn Zett,
dessen Leib gefehlt die Garde,
die vor ihr beschützt ihn hätt'.

Denn Herr Zett, der's als der Barde,
der sich öfters falsch entschied,
nicht vermied, der sang der Karde,
die halt wild ward d'rob, ein Lied.

Wolkig, bis heiter

„Die Sonne hat ja einen Bart.
Das ist doch sonst nicht ihre Art",
bemerkt die Wolke, die so frei,
da sie der Wind schiebt d'ran vorbei.

„Was war denn das?", die Sonne meint
und plötzlich nicht mehr lachend scheint.
„Das sagt die im Vorübergeh'n,
läßt einfach mich am Himmel steh'n,

zu mir, die eine, die doch nicht
sich selber schau'n kann ins Gesicht.
Ich kann nicht mal die Finger führ'n
zu selbigem, um was zu spür'n.

Daß eine aus dem Wolkenpack
auf diese Art: Ich sag's dir, zack!,
darf anhängen mir einen Bart,
ist wirklich allerhand, echt hart.

Nicht mal direkt sie an mich spricht
und sagt's nicht mal mir ins Gesicht,
das anscheinend so stark behaart,
daß eines es mit einem Bart."

Die nächste Wolke ungefragt
zur Sonne im Vorbeigeh'n sagt:
„'s ist unbehaart dein Angesicht.
Nein, einen Bart, den hast du nicht!

Die andre hat nur Spaß gemacht."
Wer hätt's gedacht? Es ist vollbracht.
Die Sonne, wieder heiter, lacht.

Xanten am Niederrhein

Daß am Niederrhein bestimmt nicht liegen
Brixen, Luxemburg und Buxtehude,
hat in Höxter jedes Kind verschwiegen,
das befragt in eines Fremden Bude,

obwohl's gewußt es dank der Wißbegier,
eh's kundgetan in aller Offenheit,
daß jene Städtenamen, jene vier,
mit Xanten keinerlei Gemeinsamkeit.

Ypsilon, sprechend

„Ich bin, wenn ich mich vorstell'n darf,
ein Sonderfall der Schreiberei.
Bin der, den aus der Reih' man warf.
Statt einer Silb' besitz' ich drei.

Im Alphabet, das Ordnung liebt,
der fünfundzwanzigste ich bin,
was eigentlich ja weder gibt
noch nimmt hinweg besond'ren Sinn.

Um Platz zu halten, braucht man mich.
Man braucht mich auch zum Buchstabier'n,
zwar nicht so oft, doch unterm Strich
gibt's keinen Grund zum Lamentier'n.“

Ein Ypsilon zu mir dies spricht.
Auch's zweite spricht. Versteh's nur nicht,
denn Griechisch kann ich leider nicht.

Zeiteinheiten im Zwiegespräch

Die Schweigeminute zur Sprechstunde spricht,
was schlichtweg unmöglich. Das geht einfach nicht.
Doch weil sonst zu kurz dieser Text werden würd',
der Schweigeminute die Ehre gebührt,

gut hörbar zu sagen zur Sprechstunde: „Schweig!
Daß stumm du auch sein kannst, den Lauschenden zeig!
Vor sprechenden Blasen dich sprachlos verbeug!"
Solch geistreiche Sätze und ähnliches Zeug

zur Sprechstunde spräche die Schweigeminut',
die dies, weil's nicht geht, wie erwähnt schon, nicht tut.

Ziemlich unmögliches Gespräch

An jenem Morgen, kühl bis kalt,
ganz gleich, wie man's auch mocht' versteh'n,
da konnte man, ob jung, ob alt,
auf jener Wiese liegen seh'n.

Es lagen sich im Grase nah,
es war nicht warm und war nicht lau,
wie immer auch man jenes sah,
und sprachen mit sich Reif und Tau.

Und weil sie weder war'n zu dritt,
noch Selbstgespräche man erwog,
darf Logik tun den nächsten Schritt.
Sie führten einen Dialog.

Der Reif zum Tau: „Ich liege hier."
Als Antwort kam: „Hier liege ich."
Und fortgeführt in der Manier
hätt' dies Gespräch man sicherlich.

Doch kam zum Glück grad' wer vorbei,
als grade man es führ'n wollt' fort.
Und der, der kam, der war so frei.

Auf keiner Wies' für Spiel und Sport
Geräte er mehr liegen ließ.

Zumindest war's ihr nicht zu groß

Es zog die Erde an ein schönes Kleid,
das sich vom Kleiderbügel fallen ließ,
als nicht getragen grad' es von der Maid,
die eine Schönheit war ja ohnedies.

Die Erde wurde dadurch schöner nicht.
Dies zeigte, daß auch der'n so große Kraft,
bei der von Gravitation man spricht,
nicht mehr als das, was ihre Aufgab', schafft.

Zunehmend zu sich nehmend

Ist's des Menschen Los, zu sein am Ende,
ist er's gern an dem der Nahrungskette.
's wär' gelacht doch, wenn er sie nicht fände,
all die gut versteckten bösen Fette.

Witzlos wirkt's indes auf breite Massen,
daß sich grade körpereig'ne Stoffe
nicht wie Leibeig'ne behandeln lassen.
Daß man dies mir abnimmt, ich wohl hoffe.

Zwar wußte er's, doch er's verschwieg

verhalf Geheimhaltung zum Sieg
beinah. Doch kam ihm in die Quer'
ein Augenzeuge und daher.

Und der gab dann recht vorwurfsvoll
im Anschluß d'ran zu Protokoll,
in welchem halt danach zu steh'n,
daß er's fast ganz genau geseh'n,

wie der, der so verschlag'ne Gnom,
gekommen zu dem Hämatom,
das ihm verunziert ob'ren Teil
des Leibes, der sein Körper, weil

ihn dort gedrückt statt mit dem Schuh,
währ'nd sie gedrückt die Augen zu,
mit ihrem Maul die Quappe Kaul,
die so genannt statt Karl und Paul.

Zwischen Ohren

Es unlängst, was es gibt nicht alles,
zum Streite zwischen Ohren kam,
weil eins den Großteil holden Schalles
zwar andrem weg, doch auf nicht nahm.

Und der, der's erst mal gar nicht glaubte,
der eine, der, eins links, eins rechts,
des Hörens wegen sie am Haupte,
wurd' Zeuge ihres Ferngefechts.

Die zwei, die öfters er geliehen,
zusammen als Gehör geschenkt,
davor ja stets sich rasch verziehen,
wenn's zwischen ihnen mal gezwängt.

Nun war es ernst. Und's war'n verhärtet
so sehr die Fronten, daß die zwei
ein Ohrgeräusch stets gleich gewertet
als Stimm' für ihre Streitpartei.

Akustisch war's bloß Unerhörtes,
das Streiten zwischen Ohr und Ohr.
Ein Sprichwort d'rum als Ungestörtes
hinein in Stille sich verlor:

'Das dritte darf, wenn zwei sich streiten,
sich freu'n.' Von wegen, hör'nder Gast!
's vermochten Freud ihm zu bereiten
die beiden andern höchstens fast.

Es rekrutierte sich das dritte
in jenem Fall ja auch aus zwei'n,
genommen in die vage Mitte
von nie sich ferneren Partei'n,

die nimmer zueinanderfanden,
währ'nd zwischen ihnen's Mittelohr
und's Innenohr zu nah sich standen
und sich einander knöpften vor.